동구 앞 느티나무

동구 앞 느티나무

초판 1쇄 인쇄 2017년 1월 15일
초판 1쇄 발행 2017년 1월 20일

지은이 최병국
펴낸이 金泰奉
펴낸곳 도서출판 띠앗
등 록 제4-414호

편 집 박창서, 김수정
마케팅 김명준
홍 보 김태일

주 소 (우05044) 서울시 광진구 아차산로 413(구의동 243-22)
전 화 (02)454-0492(代)
팩 스 (02)454-0493
이메일 ddiat@ddiat.co.kr
홈페이지 www.ddiat.co.kr

ISBN 978-89-5854-112-7 (03810)

동구 앞 느티나무

최병국 시집

도서출판 띠앗

✿ 시인의 말

시의 길로 인도해 주신 이경 시인님과

문학의 기본 및 창작의 세계를
정곡으로 가르쳐 주시는
박동규 교수님께 깊은 감사를 드립니다.

부끄러운 작품 몇 편을
지면紙面으로 내놓으면서
어느 독자 한 분에게 만이라도
재미와 위안이 되어준다면

더없이 행복하겠습니다.

2017년 1월
최 병 국

✿ 목 차

제2장 한 지붕 아래

제3장 자연

제4장 산행

제5장 상념

제1장
도시의 군상

내 얼굴

아침마다
바깥세상 나서면
남이 나를 어찌 볼까
하루에도 몇 번씩
허울을 바꿔 쓴다
위를 볼 때 연한 얼굴
아래 볼 때 엄한 얼굴
비위를 맞추느라
체면을 지키느라
속내와는 상관없이

저녁 되어 돌아오면
억눌렸던 울화를
참았던 눈물을
세숫물로 씻어내고
내 얼굴을 찾아 쓴다.

초등생 책가방

새내기 가방 속에
새 책들이 만났다

산수책이 말한다
  세상은 숫자 투성
  산수를 잘해야
  세상 살기 편하다
생활책이 말한다
  사람 사는 세상이다
  마음이 발라야
  세상 살기 편하다
국어책이 말한다
  말도 글도 잘해야
  세상 살기 편하다
초등생이 말한다
  세상 살기 힘들다
  누구 말을 따를 건지

관상수

가냘픈 가지 끝에
전족纏足올무 죄어놓고
좋아라는 주인님께
잎 피고 열매 맺어
재롱을 부려왔네

배고파도 내색 않고
아파도 울지 않고
남들처럼 생긴 대로 커보지도 못하고
벌과 나비 친구도 사귀어보지 못한 채
좁디좁은 아파트가 세상인양 살았네

기약 없는 영어囹圄생활
눈비 맞아 울창한
푸른 숲 어딘가
새소리 물소리
내 고향 그린다.

조화造花

손끝에서 태어나
하늘거리는 꽃 덜기
이슬 젖은 입술로 웃음 보낸다
　주인님
　이왕이면 향기 곁들여
　벌과 나비 친구도 불러 주세요

향기를 지니고 꿀을 내려면
엄동설한 견디며 봉오리 지고
비바람 고난을 겪어야 한다
그리고 이내 곧
시들고 죽어야 한다
　시들어도 좋아요
　죽어도 좋아요
　한순간 사랑할 수만 있으면

시계

세월 낚는 한량은
빠르다며 퇴박하고
날자 꼽는 훈련병은
느리다며 투정한다

수수만큼 귀둥이도
서푼짜리 천둥이도
잘라주는 시간토막
똑 같은 값인데
만나는 주인 따라
요리는 제각각
　　　　　행여
잘 못 들어서서
잠깐 멎고 물리려면
　안 돼 안 돼 나는 안 돼
　세상이 멎더라도

남의 자리

허구한 날 아랫자리 마땅치 않아
비단신이 볼메어
망건網巾에게 말했다: 나는 네가 부러워
　높은 자리 앉아서
　아랫것들에게 이래라 저래라
　호령만 하니까
망건이 말했다: 그럼
　자리 한번 바꿔볼까
비단신은 옳거니 높은 자리 앉았다
　　　　　　　　주인님 머리는
얽히는 세상사 실마리 헤치느라
밤낮으로 못 쉬고 골머리 굴린다
호위병 망건이 어찌 편히 잠자랴
　신발은 나들이에 잠깐만 수고하고
　댓돌에서 오롯이 편히 쉴 수 있는데
하루해도 못 지나 비단신이 말한다
　망건님, 망건님,
　자리 도로 물립시다.

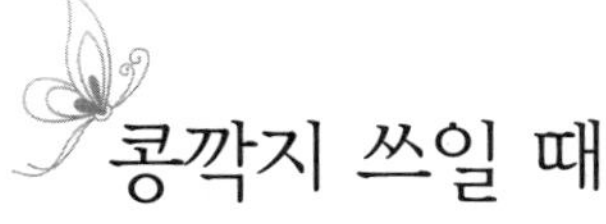

콩깍지 쓰일 때

나는 네가 좋은데 너는 왜 싫다 하나

마주칠 듯 다가왔다 비켜서서 헤어진 후
숨죽여 돌아보며 가슴을 저민다
나는 네가 너무 좋아
그 마음 들킬까봐
싫은 척 했었는데

사랑이 들어올 때 그림자 함께 온다
이름하여 미움이
사랑이 떠나면 빈자리 지킨다
떠난 임 돌아오길 기다리면서

미워도 다시 한 번 중얼거림은
곱씹어 사랑이라 말을 못하고
체면이 고집 부려 미워라 한다
알량한 자존심 허울을 쓰고
돌아서는 모양새
탈춤을 춘다.

내 님은

물방울입니다
손길이 닿으면
꺼져버립니다

멀리서 보는
무지개입니다
다가가면
보이지도 만져지지도 않습니다

한가득 부풀었다
한입 더 부는 숨에
펑 터지는
풍선입니다.

빵

화덕에서 갓 나와
고운 맵시 뽐내는
둥근 빵 네모 빵 뚱보 빵 빼빼 빵

살까 말까 망설이다
쟁반에 담으면 행복해 하는 빵
시샘하는 동기들의
눈총 속에 출가한다

밤늦도록 남은 빵
눈물의 반값 세일
세일에도 남은 놈 공짜로 양로원
양로원도 때 놓쳐 절망의 거름통
두엄 되어 논밭오니 먼저 온 친구 있네
　아! 너, 맨 먼저 시집갔던 예쁜이
　대감마님 반상 거쳐 제일 앞서 왔다네
속속들이 모여드는 빵가게 동창들
꼴찌도 첫째도 만 갈래 길을 지나
도착한 곳 *밭두렁*

휴식시간

커피 잔이 다 식도록
그녀가 할 말을 못하고 있다는 걸
나는 알지 못했다
　　내 가슴을 먹어다오
커피 잔이 다 비었을 때
어쩔 줄을 몰라
일어서며 모깃소리로
　　나 그만 가오
등 돌려 그녀는 웅얼거렸다
들릴 듯 말 듯
　　날 그냥 보내다니
그녀가 저만치 갔을 때
내 돌 머리에 번쩍
부싯돌이 켜졌다
　　그제야
튕겨온 그녀의 불꽃이
내 가슴을 살라먹는다
하얀 재를 남기고

스쳐간 로망

잔잔한 호수에
조약돌 던지고
홀연히 돌아서면

혼자 남은 너울은
물가를 때리며
허우적거린다

멎지 않는 설렘을
어찌 감당하라고

네거리

동서남북 모였다
흩어지는 네거리
행여나 엉킬까
노심초사 신호등
아는 사람 마주쳐도
인사할 겨를 없네

어리바리 한눈팔다 아차 꽈당 부딪기도
이런 일 생길 줄 아침엔 몰랐었네
어떤 이는 무안스레 손들어 수인사
어떤 이는 위아래 부라리며 삿대질
교통신호 잘 지켜도
불식간에 불상사
하루에도 몇 번씩
숙제가 주어진다.

돈들의 수다

대왕께서 권좌에 오래 계시다
사임당 여사께서 상좌에 왔네
퇴계보다 높은 자리 거북해하던
율곡께서 더욱 더 쩔쩔매는데
세종께서 이르신다
　개의치 말라
　여성시대 걸맞게 개편하였네
　상좌를 물려주고 쉬려고 하네

이순신 장군께서 아랫자리에
묵묵히 계심이 송구하던 중
바다 건너 낯선 손님 워싱턴 장군
방문객 틈에 끼어 나들이 왔네
　이 몸도 아랫자리 같은 처지요
둘이 만나 한 주머니 땡그렁 악수
낮은 자리 즐겁다며
통성명한다.

한 푼

천 원 한 푼 구걸하는
푯말을 목에 걸고
순댓국집 문 앞을 가로막는 동냥꾼
주인마님 역정 내며
　사장 없어요
아등바등 장삿속
푼푼 모아 하루벌이
받는 돈도 주는 돈도 공짜는 안 될 말
버티기에 들어간 주인마님—동냥아치

북적대는 손님 틈에
꿈쩍 않는 양兩진영
손짓발짓 눈짓에도
소득 없는 동냥꾼
하릴없이 물러난다
세상에 공짜 없다, 주인마님 판정승
하지만 마음 한편 *한 푼 줄 걸*

신용 카드

돈 없이도 물건 주는
이상한 카드
외상이면 소도 잡던 할머니 시절
이놈에게 뒷감당 맡으랬다가
신용불량 폐가망신 낭패 보기도

가게마다 할인공세 차별하기에
지갑마다 주르르 줄을 서있다
노인네 헷갈린다 투덜대면서
한두 장 남기고 가위질하니
최후에 남는 놈이 안방 차지다

좋은 이름 시니어 어르신 전용
전철은 무임이요 버스는 유임
외출할 때 으스대며 앞장서는데
아주 먼 길 떠날 때도 나서주려나

꿈 값

말 타면 종 두고 싶다고
외로이 산행하면 말동무 없을까, 사치스런 꿈꾼다
소문으로 듣던 짝 오다가다 만난 짝
여기저기 보이지만 이 몸과는 먼 거리
어느 오후 느닷없이 가냘픈 여인 소리
외톨이 불러 세워 함께 등산하자고
살뜰한 말솜씨 괜찮은 매무새
등산한지 수십 년 처음 만난 웬 횡재
좋은 시간 반 나절 만리장성 쌓았네
자기 일하는 곳 한 번만 가자고, 딱 한 번 가자고
어찌 딱 거절하랴 궁금키도 한 터에
꾸역꾸역 동행했네. 행복한 데이트
들어서는 근무처 빈자리 즐비한데
허울 좋은 요릿집 마구 시켜 내왔네
사뿐사뿐 오가며 별별 아양 떨면서
얼떨결에 계산하니 이미 벌써 쏟은 물
그리 곱던 뭉게구름 먹구름 될 줄이야
애꿎은 카드만 속절없이 긁으면서

공 - 월드컵

공은 둥글고
지구는 둥글고
세상은 둥글고

튀는 공 하나에
운명을 맡기고

공 길 따라 터지는
환호 소리 한숨 소리
선수도 구경꾼도
갈리는 천당 지옥

공은 구르고
지구는 구르고
세상은 구르고

우산

비오면 귀둥이
날 개면 천둥이
외출할 때 동행했다
헤어지기 부지기수
깜박 잊고 두고 온 걸
깜짝 놀라 둘러보면
휑하게 빈자리

누군가에 유괴됐나
멍청이 주인 노릇 속을 앓는데

어쩌다
보관함에
웃고 있는 내 우산
누군가의 손길이
어쩜 이리 따슬 수가

불청객 - 감기

추운 데서 왔으니
따뜻하게 대접하오
혹시라도 잘 못 알고 소홀히 대접하면
문지방에 걸터앉아
노잣돈 내놔라
몇 날 며칠 성가시게
앙탈을 부릴 게요
따끈한 안주에 소주 한 잔 올리고
포근한 침대에 아늑하게 재우세요
새벽되면
어느새 고향 찾아 갔을 게요

불청객 - 스트레스

전쟁하다 온 손님
총칼 차고 있으니
특별히 조심하오
소홀히 대접하면 난리가 날 수도
귀찮다 내색 말고
융숭하게 대접하오
상처로 신음하면 약 발라 치료하고
배고프고 졸린다면 먹이고 재우세요
기운 차려 일어나면
웃으며 떠날 게요
친구에게 알리는 푯말을 세워 놓고
이 집은 우리 식구 괴롭히지 마시오

복伏날

열기 뿜는 태양 아래
이글대는 아스팔트
매미들은 뒤질세라
목청껏 소란한데
삼복더위 한낮을
겨워하는 넥타이들
이열치열 화풀이
계鷄탕집이 북적인다

애꿎은 그것들이
무슨 죄가 있다고

전철 전광판

전철을 타면
높은 천장 가운데 덩그런 전광판
화면 가득 광고 아래
좁은 한 줄 흐르는 글 판
　이용해 주셔서 감사합니다
　여러분의 행복을 위해…
스마트폰에 빠진 객
흠칫 놀라 둘러봐도
이곳이 어딘지
오감을 곤두세워 두리번두리번

어느 전철을 타면
나드는 입구에 전광판 한가득
　이번 역…, 다음 역…
때 맞춰 뜬다, 이런저런 말없이
나그네도 토박이도 두리번 않는다
언제 봐도 분명한 글, 나의 목적지
　나는 이런 시詩가 좋다.

고속버스

몇 시에 도착이요
묻는 할머니
묵묵부답 기사님 다시 물어도
천천히 갑시다 동문서답 뿐
대답 듣기 어려움을 깨달았는지
두리번 살피다 딸에게 전화
　도착시간 모른디야
　도착 직전 전화할껴, 그때 나와라
앞서가는 관광버스 꽁무니 따라
가다서다 드디어 종착역 진입
늦었다 투덜대는 부루퉁 손님
무사히 도착했다 다행인 손님
생각보다 일찍 왔다 고마운 손님
손님 가고 남은 건 썰렁한 공간
아무 일 없다는 듯
조용한 종점

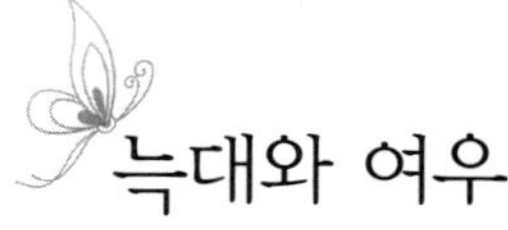

늑대와 여우

어느 두메산골에
늑대와 여우가 이웃에 살았는데
늑대는 엉큼하게, 여우는 앙큼하게
　　　　　　　호시탐탐 노렸대
늑대가 자기 집에 밀실을 차려놓고
여우를 초청해 잔치를 베푸는데
여우는 늑대의 엉큼 속내 알아채고
유혹하는 밀실에 들 듯 말 듯
　　　　　　　시늉만
여우가 자기 집에 밀실을 차려놓고
늑대를 초청해 잔치를 베푸는데
늑대는 여우의 앙큼 속내 얕보고
자기 힘자랑하며 거들먹거리다가
알랑대는 꼬리 춤에 꼼짝없이 당했대
　　　　　　　그로부터
여태껏 여우 세상이라오

신문을 보면서

검붉은 사연들이
수다 떠는 활자 속에
푸른 점 오아시스 시 한 수를 만난다
해갈의 희망으로 반갑게 다가가
한 입 벌컥 마시는데

어제는 시원하게 가슴을 적셨건만
오늘은 짧은 혀에 어찌 그리 떫은지
어질러진 입맛 탓에
끝내 못 다 삼키고
마른 침 다시며
허접한
기사記事들이 이글대는 사막으로
어딘가 오아시스
눈 씻고 헤맨다.

제2장
한 지붕 아래

부부

백년가약 하나 될 때
너도나도 좋았는데
콩깍지 벗겨지면 눈 돌아가지요

남 보기 못났어도 제멋에 사는 것을
잘났으면 당신이랑 어찌 얼려 살겠소
못난 구석 있으니
그게 바로 연결고리
나이 들고 굽어지면
그로 인해 정드는 걸

같아져라 공염불
애초부터 안 되는 말
서로가 달랐으니
짝을 이뤄 사는 것을

설날

한번 오면
떠나지 않는 나이
한번 가면
돌아오지 않는 세월
마주치며 스치는
새 달력 보면서

꼬까옷 세배할 때
설레던 설날이

가지마다 영그는
꿈 망울 보면서
세배 받고 빳빳한 돈
쌈지 끌러서 나갈 때
들어오는 나이가
무거워질 줄이야

놀이터

재잘재잘 떠드는
아이들 소리

엄마 아빠 바쁜 나날
콘크리트 아파트에
조그마한 오아시스
이웃끼리 모여앉아
언니 아우 통성명
어울리는 즐거움에
할아버지 할머니도
손자 따라 아이 된다

이삼년 지나면
어느새 동생 차지
한순간 웃음 속
추억으로 사라진다.

거울 앞에서

거울 속 내 얼굴
언뜻 비친 아버지
흠칫 놀라 비켜 봐도
지워지지 않기에
때우고 단장해
소년을 입혀본다

못 말리는 주름살
솟구치는 하얀 밑동
회칠해 감추려도
이내 곧 터져나는
조상님 강줄기
어디로 향하는지
손에 손 이어 잡고
뒤따라 흘러간다.

선영先塋에서

어제도 오늘도
조용하시기만

맑아도 흐려도
소리 죽여 부르는 듯
　　왔나, 반갑데이
이승 손孫 왔다고
졸음 겨운 잔디가
이슬 털고 일어난다
가녀린 줄기 뻗어
이승 저승 이으면서

설날 교자상

명절이 되어야
다리 펴는 교자상
온 가족 모이는 날
모처럼 세수하고
대청마루 자리한다

상처 난 모서리
뻑뻑한 다리 한 쪽
주인을 닮아선가
좋은 날 기다리다
너도 함께 늙을 줄이야

외식

빡빡한 아빠 월급
쪼개 쓰느라
언제나 빠듯한 엄마 가계부
외식 한번 못하고 아들딸 컸네
딸 학교 친구끼리 음식 자랑 중
뷔페 가니 좋은 음식 많더라 하신
고모 말씀 떠올리며 이야기했대
*뷔페동*에 좋은 음식 많다 하더라
친구들이 깔깔대며 흩어져갔대
그 말 듣고 어머니 가슴 쓸면서
견학삼아 난생처음
　　뷔페에 갔네
족발이 어떤 건지 궁금하기에
장충동 족발 집에 맛보러 갔네
세상에 이런 맛도 있었던 건가
손발이 저려오고 정신 잃었네
미안해라, 엄마 마음
함께 저렸네

대단한 비밀

이웃집 바깥양반 좋은 차 몰면서
아침마다 저 멀리 모퉁이 돌아서면
아리따운 아가씨 옆자리 태운다
영락없이 바람났네
애기 엄마 모르게
알려야 할 거나 말아야 할 거나
이레를 망설이다 어렵사리 운을 뗀다
　애기 엄마 알고 있소?
　무얼?
　댁의 영감 바람난 거
　저기 저 귀퉁이 돌아서면 어김없이
　늘씬한 아가씨 함께 만나 간다오
　아 - 한 부서 직원이에요
　어휴 - 그걸 모르고 간을 태웠네

진짜 비밀 따로 있는데…

황혼 푸념

지하철 노약자석 칠십 할아범
또래 할멈 옆자리 앉으신 터에
얼굴 한 번 쳐다보고 너스레 한다
　나이 칠십 넘으니 설 자리 없소
　집에서는 며느리 구박덩어리
　밖에서는 어디가나 천덕꾸러기
　마누라 꼴 보기도 미안스럽소
　전에는 동서 앞에 당당하더니
　요즘은 풀이 죽어 눈치를 보오
옆자리 할머니 다독거린다
　괜한 걱정이오. 자격지심이요.
　자식들 다 컸겠다, 아쉬운 게 뭐 있겠소
　의젓해진 거요
…
　아차! 내릴 역 지나쳤네.

우리 할멈 입방아

할멈 속은 숯덩이
잠 잘 새 없는 화덕
담장 넘는 새끼 걱정
속 터지는 영감 꼴

또 또 그 소리
시집살이 섭했던 일
시샘 많은 동서 타박
잘난 시누 흉보기
한 서린 숯 끄덩이 또 꺼내 지핀다

죽지 꺾인 할아범 천장 보며 헛웃음
입막음하렸다가 돌아오는 구박이
열두 곱절 넘는다
알 수 없는 할미 속
알면 또 어쩌려나
그게 다 내 죄인 걸

경계 구역

리모컨을 차지하고
채널을 휘젓는
　　마님을 타박하면
돌아오는 구박이…

이식 삼식하면서
　　반찬을 투정하면
돌아오는 핀잔이…

한 울에서 한평생
양처럼 살면서
상처투성 할멈 속
이제는 더 건들면
호랑이 코털인 걸

유빙遊氷

육지에도 유빙遊氷이
타이타닉의 위험이…

어설프게 잔을 씻어 선반에 얹으면
당신은 그래서 탈이라고, 타박하는 마님
아니 그게 뭐 어때서… 되받는 나에게서
키를 돌려 비켜간다

식구서열 차별하며 괄시하는 콩이(애완견)를
혼내려고 시늉하면
당신은 그래서 탈이라고, 타박하는 마님
아니 그게 뭐 어때서… 되받는 나에게서
키를 돌려 비켜간다

여태도 녹지 않고 얼음으로 떠다니며
또 언젠가 누구에게
위험물로 다가갈지

제3장
자연

풀피리

허공을 가르며
온 몸 떠는 소리

하찮은 일평생
짓밟히고 꺾이고
풍설에 쓰러져도
아무 말 않더니

죽어서야 소리친다
벙어리 아니라고

나팔꽃

가냘픈 줄기 뻗어
하늘을 오르려다
차가운 이슬 맞아
벼랑 끝을 잡고 섰네

어스름 여명에
파란 망울 터뜨려
기상나팔 불렀는데
매몰찬 햇살이
득달 같이 달려들어
여린 꽃잎 후리니
소리 한 번 못하고
입 다문 채 새초롬

어느 제 보란 듯
속 시원히 불어볼까

갈대

한 올의 미풍에도
소스라쳐 떠는 몸
목청 돋워 외쳐도
기댈 곳이 없어라
살았어도 죽은 듯
바람에 휘어지고
파도에 출렁이며
젖은 흙 부여잡고
궂은 날을 삭인다

시절을 놓칠까
두려움에 밤새워
밝을 날을 더듬는다
어느 제 덤불 이뤄
군무群舞를 펼칠거나
아들 손자 한데 얼려
강변 노래 읊을거나

강가 자갈돌

언제쯤 알아주는 임을 만날까
억만년 들썩여 기다리다가
지난 봄 요행히 임자를 만나
호사스런 받침대 위 수석壽石이 됐네

사랑받는 자리에 올라와 보니
밤하늘의 별들은 보이지 않고
비바람 함께하는 갈대도 없고
허구한 날 진열장에 갇힐 줄이야

강가를 구르며 노닐던 고향
코흘리개 소꿉친구 못내 그리워
오늘 밤도 지새며 눈물 말린다.

몽돌

철썩 쏴 —
때리고 다독이고
철썩 쏴 —
부딪고 가다듬고
오가는 너울 맞아
신음하는 자갈돌
앞뒤 몸매 가누면서
아픔을 삼킨다

밤에는 별을 헤고
낮에는 날을 헤며
오랜 파도 견디더니
둥글둥글 몽돌 되어
정겨운 노랫가락
물도 돌도 한마음
금슬 좋은 짝꿍 된다
어화둥둥 내 사랑아
철썩 쏴 —
철썩 쏴 —

하루살이

다가가면 데일까
멀어지면 밀릴까
전전긍긍 하루살이
등불 가를 맴돈다

하룻밤 사랑놀이
날 새면 가로등 밑
장렬한 주검들
아침청소 빗자루가
하찮은 듯 쓸고 간다

날
지면
또 한밤
잔혹스런 불꽃놀이
굴렁쇠를 굴린다.

낮에 나온 반달

새털구름 벼랑 끝에
핼쑥한 얼굴 하나
때를 잘못 알았는지 부끄러운 듯
엉거주춤 숨으려도 숨을 곳 없네

무던히 아껴주던 풍류객들도
반짝이던 별들도
어딜 갔는지

더디고도 더디게
주춤거리는
해님이 얄미운 줄 전엔 몰랐네
기다리고 기다려도 지루한 한낮
나의 차례 어스름은
언제쯤일까

서울의 달

불야성을 이룬 고을
환한 등이 즐비하니
밝다는 말 옛말이다

사람 발이 닿은 후로
맑다는 말도 헛말이네
우주인이 다녀간 후
로맨스는 사라지고
연인마저 떨어졌네
서울 사람 너나 모두
스마트폰에 빠졌는지
쳐다보지도 않누나

밤마다 독수공방
정겹던 태백太白님은
언제 다시 오시려나

해바라기

구름에 가려도
해를 향해 웃는 얼굴
성가신 바람에도
짓궂은 폭우에도
위를 보고 뻗은 줄기
여름내 자랑스레 어깨를 흔들다가
알알이 까뭇까뭇
속살을 채우고는
고개를 떨군다

말 없는 고별사
씨알을 남기고 이제는
아래를 살피며
고향 길을 찾는다
찬란했던 계절보다 달콤한
휴식을 향하여

큰 버들 한 그루

개울가 언덕에
큰 버들 한 그루
뿌리를 드러낸 채
너부러져 누웠다
지난밤 돌풍과 씨름한
흔적일까
길 건너 참나무들
서로 보며 쑥덕인다
혼자만 자라더니
비바람 같이 할
친구가 없었다고

작은 숲 우거진 근처 기슭 산비둘기
주변을 둘러보며 안타까운 한 마디
그리도 자랑스레
하늘 높이 오르더니
차라리 이만치서
멈췄으면 좋았을 걸

물망초

잊었어도 잊어지지 않음은
떠났어도 떠나지 않음은
아련히 멀어진
그대

먼 먼 훗날
못내 지워지지 않으면
가슴에 묻고
함께 살리라

무덤 위 잔디 되어
봄마다 싹을 틔우리라

바람

갓 나온 새 잎들을
실바람이 흔든다, 조심하라고
보이지 않아도
떼 지어 몰려오면 감당할 수 없다고
잎사귀가 고개 저어 상관하지 말란다

어느 날 먹구름
태풍이 몰아치자
우수수 떨어지며 운명 맞는 잎사귀들
이토록 무서운 줄 진작이 알았어야

옥분이 옷고름도
내 저고리 앞단도
바람이 흔든다, 조심하라고
어느 날 갑자기 회오리치면
감당할 수 없다고

버들치와 꼬마

물막이 돌을 쌓아
웅덩이 되니
다섯 살 꼬마에겐 아늑한 바다
제 세상 빼앗긴 버들치들은
갈 곳 잃고 후루룩
돌 밑에 꼭 ―

풍덩풍덩 귀여운
고래 한 마리
개구쟁이 물장구에 넘치는 바다
해일 한번 덮치니 망가진 세상
꼬마는 재미있다 깔깔거린다
버들치는 살려 달라
기도하는데

삼월이 오면

안개 서린 기슭마다
망울지는 생명이 눈을 비빈다

외톨이로 겨울 난 새내기 씨앗도
늙은 나무 억센 등걸 마디 끝에도
꺾어진 가지에도
얼음 녹는 물소리에 잠 깨는 환희

차가운 땅 부여잡고
죽음을 건너온 모든 것들에게
축복이 내린다
너의 때가 왔다고

또 한 겹 새로운 나이테에
아름다운
자국을 남기라고

벚꽃이 피면

첫 가방 출랑일 때
새 나라의 새싹이랬다
학교온실 나오자, 생존의 원시림에
초년병으로 나섰다
한데, 그것은 가시밭이었다
　　주인님의 눈칫밥
　　집에 오면 궁한 살림
정신없이 허덕이다
어느 날 또래 함께 식당에 들렀는데
말문 트는 꼬마가 '할아버지' 부른다
　　순간 '할아버지 아니야'
　　혼내고 싶었지만
이젠 하얀 할아버지가 되어
그 이름을 즐겨 듣는다

벌써 몇 년 사월이 오면
창밖의 하얀 연분홍 꽃잎들이
함박웃음 보낸다, 내
나이보다 많은 떨기를 흔들면서

눈 오는 날

하얀 천지 제집인 양
걱정 많은 까치는
솔가지에 움츠려
두리번 살피는데

손발 시린 나목裸木은
솜털 외투 걸치면서
눈 나라 꿈에 든다
오만 근심 내려놓고

은빛 세상 취하여
시간도 벗어놓고

동구 앞 느티나무

지친 길손
그늘에 들어도 내치지 않습니다
어느 철새
둥지를 틀어도 내치지 않습니다
알을 깨어 떠나도
제 살 먹인 잎새들이 떠나도
붙잡지 않습니다
추우나 더우나
눈비를 맞으며
그걸 먹고 자랍니다, 해마다
한마디씩 하늘을 향하면서

하얀 겨울이 오면
가지마다 꿈을 움키고
설한雪寒을 견딥니다, 울음 죽여
봄을 기다립니다.

가을의 길목에서

누구를 부르는지
요란한 풀벌레
누런 벌판 오곡은
알알이 여무는데

허기진 가슴은
설부른 꿈을 안고
뭇 계절 보내고선
귀뚜라미 애잔한 이별 소리에
문득
제 자리를 돌아본다

채마밭 두렁엔
아직도 영글지 못한
탱자 한 그루
이슬을 맞고 섰다.

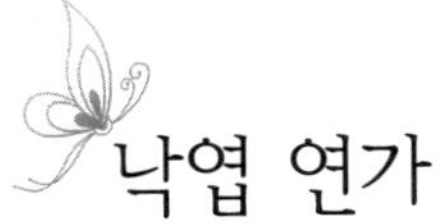

낙엽 연가

못 다한 미련을
몸부림치며
뒹구는 낙엽이 쑥덕거린다;
　이른 봄 꿈속에 움을 틔우고
　파릇한 희망을 펼쳤었는데
　따사로운 햇살의 사랑 받으며
　보슬비 축복 속에 무성했는데
　언제나 그렇게 행복하리라
　달빛 아래 밤마다 속삭였는데

태양이 기울고 찬바람 일자
나뭇가지 움츠려 이별 통첩장
지난봄 언약을 버릴 줄이야

한 계절 아쉬움을 부둥켜안고
어딘가 또 다음 세상을 향해
차가운 비탈을 흩날려 간다.

사막의 꽃

아침이슬 머금고
고개 든 풀 한 포기
모래톱 스치며 다가온 햇살 맞아
흐드러진 자갈돌 틈바구니 비집고
　사랑해 주세요

태양이 일어서자
움츠리는 꽃잎들
이슬 한 입 훔쳐 먹고
흔적을 감춘다, 세상눈이 무서워
숨어사는 정부情婦인양

신기루

불타는 모래 위
일렁이는 푸른 바다
죽음의 언덕 위에
생명이 춤추는 듯
아른아른 손짓하며
나를 따라오라고

다가가면
저만치 물러나는 신기루
길 잃은 나그네의
끝 모를 이정표

제4장
산행

외로이 산행하면

벼랑 가 소나무랑
돌밭 새 산딸기랑
주고받는 이야기
무뚝뚝한 바위도 눈총 쏘아 깨운다.
    얘기 좀 하자고
내 속의 *나*와도 티격태격 말씨름
못난 내가 말한다
    착하게만 살지 말게
착한 내가 말한다
    허튼소리 꾀지 말게
정답 없는 자문자답
굴러가는 낙엽이 코웃음 친다

억년 나이 선배님
바위산이 말한다
벗어라 벗어라 부질없는 것들을

숲길을 걸으면

층층으로
햇살 가린 잎사귀들이
도회의 번거로움 막아주면서
한 순간 번뇌 잊고 쉬어가란다

소나무 참나무
우람한 둥치
세월 주름 뚜렷한 배를 내밀고
세상살이 선배라며 거들거린다

높은 나무 등걸 아래 작은 잡초들
풀벌레 함께하는 밑동의 고향
어렵사리 사느라 초췌하구나
하늘 향한 가지의 숱한 열매들
제 아래 그늘진 세상을 알까

왁자지껄

사람들은 모이면
어찌 그리 왁자지껄
친구랑 짝이랑
무슨 말이 많은지
산비탈 낙엽도 덩어리져 부둥키고
산새도 무리지어 부산하게 오가는데
하늘 닿은 바위산은
뭉게구름 불러도 옷깃만 스친다

북적이는 인파 속
외톨이 길손 하나
하늘가에 홀로 선
바위산과 짝할거나

바위틈 소나무

씨앗 하나
잘 못 날아 바위에 닿아
비에 씻겨 틈바구니 끼어들었네
싹을 틔워 거친 바위 더듬거릴 제
여린 손끝 얼마나 아파왔을까
어린 몸이 눈을 뜨니 천애天涯 외톨이
세찬 바람 추운 겨울 모퉁이에서
추위와 외로움에 몸을 떨었지
간단없는 비바람에 휘어지면서
돌 틈새 비집고 뿌리 내리니
고난의 억센 모습 운치 보인다

용틀임 둥치와 옹골찬 가지
넓은 터 뭇 나무의 부러움 속에
팔 벌려 길손을 반기는구나.

도봉산 악사

골짜기를 메우는
색소폰 소리
목발더러 난간에 쉬라 이르고
개울가 길목 어귀 지키는 악사
지나는 여인의 천 원 한 닢에
지친 마음 달래며
흥을 돋운다

멧부리 오르던 애달픈 가락
닿지 못해 헤매는 메아리 속에
길손들은 무심히 스쳐 지나도
초목을 친구 삼아 정을 나눈다
언젠가 피날레를
기다리면서

도봉산 목로주점

생선 굽는 연기에
묻어나는 고향 내음
군침 도는 부침개와 막걸리에 이끌리어
삼삼오오 불러들여 목로에 둘러앉네

협수룩한 등산복
형 아우 부르면서
세상 얘기 얼키설키 갑론을박하다가도
의기투합 정치 얘기 맞장구치기도
걱정도 아픔도
토막 내어 나누면서
너나 모두 나름대로
옛 성현 되구나

쏟아진 라면

산행 길 양지바른 비탈에 앉아
라면 컵 뚜껑 뜯어 물을 부었네
군침 삼켜 젓가락질 막 하려는데
아는 사람 멀리서 다가오누나
인사를 어찌할까 주춤거리다
허리 펴고 옷매를 다듬는 순간
퍽, 아뿔싸!
라면 컵 엎어버렸네
반갑게 웃으려다 웃지 못하고
갑자기 우거지상 얄궂은 얼굴
야릇한 인사 받고 무안했는지
손님은 보아도 모른 체하며
엉뚱한 너스레를 늘어놓았네
손님 가고 아래를 내려다보니
하얀 라면 흙바닥과 한 몸 되었네
점심 한 끼 낭패 보고 배를 곯으니
사람 행색 사나운 꼴 허탈해하며
애꿎은 하늘보고 원망하였네

여성바위

내가 세상 태어날 때
하늘도 구름도 아무 말 안 했는데
억년 지난 지금에야
백년 살이 후손들이
떼 지어 몰려와서
    민망하다 쑥스럽다

에키!
허튼소리 하지 말게
하늘과 수 억 년 사랑놀이하면서
수 만 년 전 너희 조상
삼라만상 조물에 생명을 베풀었네
    고맙소 고맙소
    인사나 하고 가세

가을 숲

엷어지는 햇볕을
비켜 맞으며
나뭇잎이 불안스레 숙덕거린다
재 너머 동장군이 다가온다고

박새는 가을 만찬 부산을 떨고
흰 구름은 멀어지며 안녕이란다
스산하게 몰아치는 세찬 바람에
길 잃은 낙엽들을 떠나보내며
어미가지 움츠려 흐느껴 운다

매서운 설한을 견뎌야 하니
겨울 채비 단단히 챙겨 두라고
어깨를 부딪치며 다독거린다.

늙은 느티나무

고즈넉한 숲에
길손 혼잣말 한다
나무들은 걱정 없어 정말 좋겠네

근처 늙은 느티나무 말대꾸한다
우리 속내 자네가 어찌 안다고
싹튼 터에 운명 걸고 살아가는 몸
죽음이 몰아치는 겨울이 오면
내 살 먹인 가족까지 떠나보내고
맨몸으로 칼바람을 견뎌야 한다
손발 가진 자네는 복도 많구려
어디든 산천 구경
정말 부럽네

낙엽

지난여름
무더위에 고생했다며
바람맞아 잎새끼리 인사하구나

한 계절 끝맺음을
잔치하느라
알록달록 색동옷
차려입었네

가지 끝에
새 움을 꼭꼭 숨기고
엄동설한
잘 견디라 당부한 후에
홀연히 몸을 날려
안녕 *바스락*

마지막 잎새

앙상한 가지 끝에
홀로 남은 단풍잎
눈물지며 떨어지는
마지막 잎새
떠나는 계절을
애달파하며
차가운 땅 부둥켜
흐느껴 운다

속절없는 길손에게
눈길을 보내면서

제5장
상념

나는 몰랐네 - 59금

나 어릴 땐 몰랐네, 왜
　치마와 바지를 구분해 입혔는지
　병아리 커서
중닭이 되니 또 이상했네
　수탉은 암탉을 어쭙잖게 후리고
　암탉은 내숭떨다 수그러들고
　점점 더 어쩔 수 없도록
　어우리 하는 게
성계成鷄가 되니 그 사이
　번개가 치고 천둥이 울고
　전쟁이 일고
　눈비 속에 꽃도 피고
　열매도 맺고
　세상이 그 사이에 있다는 걸
노계老鷄가 되어서야 알게 되었네
　늙음과 함께 천천히 천천히
　아주 천천히 누그러지는
　모양새를 하면서

저승 친구의 편지

친구여 이곳 문턱 넘어올 제
무용담 챙겨오세, 아니면
끝없이 적적하네

이곳 오니
쫓겨날 걱정 없고
입고 먹을 걱정 없고
그지없이 편안한 걸
난 정말 맹랑했네
살아생전 편하게만 살렸더니, 글쎄
그게 이렇게도 부끄러울 줄이야
자랑거리 없으니 푸대접뿐일세
이곳 식구 열의 아홉
재수再修를 안달해도
어림없는 꿈, 친구여
문턱 넘어오기 전에 재수하게
눈물이든 웃음이든
얘기 봇짐 꾸리시게
상석上席이 기다리네

백팔배百八拜

지긋이 다문 입술
뭔가를 말할 듯 - 말할 듯하면서도
고요한 미소만

찾아드는 사람마다 올리는 소원 성취
백인백색 시시비비
절절한 사연들을
어찌 모두 가리랴

소원을 들어주면
욕망의 굴레를 벗어나지 못할 텐데
소원을 물리치면
절망의 구렁을 헤어나지 못할 텐데
이도 저도 못할 일
저제나 이제나 무언無言으로 답할 밖에

저녁나절 범종이 무언無言을 쓸어간다
空~~

좋은 시

한평생
남긴 시 중

오직 한 편篇
오래 남을 좋은 시는

아마
사랑한 이를 향한

한 뼘 무덤의
고요

돈들의 심판

운명 다한 돈들이 저승 문에 모였다
  수문장이 묻는다
첫 번째, 사임당 여사에게
  뭐하던 분이시오
    대왕보다 윗자리 있었소
  생전에 못 뵀는데 무슨 일을 하셨소
    안방에 있다가 외출할 때 철가방이 호위했소
    어딘가 은밀하게 높은 곳을 오간 것 같은데
  수문장이 미심쩍어 입국을 보류하고
  특조실特調室로 보낸다
두 번째, 세종께서 나섰다
  아이쿠! 대왕님! 어인 일로?
    나도 이제 쉬러 왔네
  한데, 교회에는 잘 안 보이시던데요
    그러게 자주 못 갔네, 그러니
    좋은 자리 원치 않네, 백성과 함께라면…
세 번째, 율곡 선생 차례인데 선뜻 나서지 못하고
  어머니 소식에 수심 깊은 얼굴로
    가문의 영광이 이리도 덧없을 줄이야
다음 순서 퇴계 선생이 나섰다

낯익은 얼굴이라 수문장이 일어나 호위천사 부른다
주일마다 빠짐없이 나오신 분이다 상석으로 모셔라
끝으로, 충무공 차렌데
돈 축에도 못 끼어 대기실 구석에 쳐져 있었다
저승 상좌 대다수 가난한 이들이
이순신 장군을 맞으려 기다려도
소식이 없자, 수문장에게 외친다
우리와 함께했던 장군님을 뵙고 싶소

천국행 표 한 장

영결식장에서
천국행 표 한 장 주세요
　요즈음은 직행을 안팝니다
　저승 문 앞에서 갈아타세요
저승 문 앞까지 얼마요
　미성년은 엄마 가슴 한 근
　기혼자는 짝꿍 눈물 한 말
　어르신은 경노우대 무료요

저승 문 앞에서
천국행 표 한 장 주세요
　자격증을 내시오
무슨 자격증이요
　어린이 극빈자 유공자 증명서요
　없으면 옆의 지옥 창구로 가세요
지옥 창구에서
표 한 장 주세요
　이미 예약 끝났소
　부자들 고관대작들이 싹쓸이했소
　옆 창구 신도시 분양소로 가보세요

분양권 한 장 주세요
  청약부터 하시고 대기실에서 기다리세요
  한데, 청약통장 있으면 일 순윈데
통장이라니요
  아니! 그동안 뭐했소
  통장이 있어야
  좋은 동 좋은 호수 우선 입주하는데

종착역

전철 종점 다다르면
어김없는 차내 방송
모두 내리십시오, 남기신 물건 없이

다 비우고 가란다

얼마나 많은 사람이
우여곡절 겪으며
오르고 내렸을까

이제 그만
다 비우고 가란다.

■ **해설 — 朝國 최병국 시인의 詩 세계**

자연의 친화를 독백으로 바라본 세계

이 경 · 시인
문학평론가
한국문협 평생교육원 교수

조국 최병국 시인의 두 번째 시집이다.

첫 시집에서도 소개했듯이 『杜甫와 李白』 시선詩選을 출간하고, 많은 영 · 미 시와 프랑스 시를 번역하여 동문들에게 수시로 소개하는 뛰어난 시인이다. 그래서 그런지 한시와 정통 서양시의 정형적 운율과 율격을 잘 나타내고 있다.

현대시는 현실 삶의 내면적 진실을 이미지, 은유, 비유, 상징과 음악성으로 형상화시키는 자기 독백의 진술이다. 조국 시인은 인간과 자연, 사물의 공존관계에 대한 심도 있는 통찰로 내면적 형상을 드러내 보이면서, 해학과 아이러니를 곁들여 시를 재미있게 엮는다.

초등생 책가방

새내기 가방 속에
새책들이 만났다

산수책이 말한다
　세상은 숫자 투성
　산수를 잘해야
　세상 살기 편하다
생활책이 말한다
　사람 사는 세상이다
　마음이 발라야
　세상 살기 편하다
국어책이 말한다
　말도 글도 잘해야
　세상 살기 편하다
초등생이 말한다
　세상 살기 힘들다
　누구 말을 따를 건지　　　　— (전문)

초등생 책가방 속에/산수책은 산수를 잘 해야/생활책은 마음이 발라야/국어책은 말도 글도 잘해야 세상 살기 편하다고/ 초등생은 누구 말을 따를 건지 모르겠다는 재미있는 풍자다. 사례를 하나하나 들면서 비유를 통해 세상은 살기 힘들다는 암시적 효과가 뛰어난 시다.

〈자연도 자유를 좋아한다〉

관상수

가냘픈 가지 끝에
전족纏足올무 죄어놓고
좋아라는 주인님께
잎 피고 열매 맺어
재롱을 부려왔네

배고파도 내색 않고
아파도 울지 않고
남들처럼 생긴 대로 커보지도 못하고
벌과 나비 친구도 사귀어보지 못한 채
좁디좁은 아파트가 세상인양 살았네

기약 없는 영어囹圄생활
눈비 맞아 울창한
푸른 숲 어딘가
새소리 물소리
내 고향 그린다. — (전문)

크게 자랄 수 있는 나무를/전족올무 죄어놓고/ 좋아라는 주인님께/잎 피고 열매 맺어/재롱을 부려왔네/

인간과 자연에게 자유스러운 삶이 행복을 위해 얼마나 종요한지를 관상수를 통해 말하고 있다. 식물도 고통의 세월에 대한 한을 품고 원래의 모습대로 살고 싶어 함을 시인의 눈을 통해 드러내 보인다. 이 시는 시각적 감각에서 나온 울림의 시다.

남의 자리

허구한 날 아랫자리 마땅치 않아
비단신이 볼메어
망건網巾에게 말했다: 나는 네가 부러워
　높은 자리 앉아서
　아랫것들에게 이래라 저래라
　호령만 하니까
망건이 말했다: 그럼
　자리 한번 바꿔볼까
비단신은 옳거니 높은 자리 앉았다
　　　　　　　　주인님 머리는
얽히는 세상사 실마리 헤치느라

밤낮으로 못 쉬고 골머리 굴린다
호위병 망건이 어찌 편히 잠자랴
　신발은 나들이에 잠깐만 수고하고
　댓돌에서 오롯이 편히 쉴 수 있는데
하루해도 못 지나 비단신이 말한다
　망건님, 망건님,
　자리 도로 물립시다.　　　　　— (전문)

이 시는 동화 같은 시다. 높은 자리의 망건과 낮은 자리의 신발이 대화하는 과정을 통해 서로 남의 것이 좋아 보이는 것을 우회적으로 말한다. 높은 자리만 바라보는 현대인의 의식을 되씹어보게 한다.

콩깍지 쓰일 때

나는 네가 좋은데 너는 왜 싫다 하나
마주칠 듯 다가왔다 비켜서서 헤어진 후
숨죽여 돌아보며 가슴을 저민다
　나는 네가 너무 좋아
　그 마음 들킬까봐
　싫은 척 했었는데
사랑이 들어올 때 그림자 함께 온다
　이름하여 미움이

사랑이 떠나면 빈자리 지킨다
떠난 임 돌아오길 기다리면서 — (앞부분)

미워도 다시 한 번 중얼거림은/곱씹어 사랑이라 말을 못하고/체면이 고집 부려 미워라 한다/ 알량한 자존심 허울을 쓰고/ 돌아서는 모양새 탈춤을 춘다//

사랑이란 좋아서 콩깍지 쓰일 때도 있지만 미움도 함께 들어옴을 말한다. 너무 사랑하다 보면 체면 때문에 사랑이라 말 못하고 자존심 구길까봐 안 그런 척 하기도 한다. 사랑에 얽히는 복잡한 속내를 세심하게 드러내 보인다.

공 – 월드컵

튀는 공 하나에
운명을 맡기고
공 길 따라 터지는
환호소리 한숨소리
선수도 구경꾼도
갈리는 천당지옥 — (중간 부분)

공은 둥글고/지구는 둥글고/ 세상은 둥글고/공은 구르고/지구는 구르고/ 세상은 구르고//의 시적 언어에 초점을 맞추고 있다.

둥글다는 것은 화합을 의미한다. 월드컵을 통해 온 지구 가족이 하나 되어 축제를 즐겼던 때가 생각난다. 구른다는 것은 오르기도 내리기도 함을 뜻한다. 파도처럼 예측할 수 없는 우리 삶을 집약시켜 얘기하고 있다.

〈부부는 하늘의 은혜〉

부부

백년가약 하나 될 때
너도나도 좋았는데
콩깍지 벗겨지면 눈 돌아가지요

남 보기 못났어도 제멋에 사는 것을
잘났으면 당신이랑 어찌 얼려 살겠소
못난 구석 있으니
그게 바로 연결고리
나이 들고 굽어지면
그로 인해 정드는 걸
같아져라 공염불
애초부터 안 되는 말
서로가 달랐으니

짝을 이뤄 사는 것을 — (전문)

첫째 연: 콩깍지/벗겨지면/눈 돌아가지요//

둘째 연: 나이 들고/굽어지면/그로 인해/정드는 걸//

셋째 연: 서로가 달랐으니/짝을 이뤄 사는 것을//

처음엔 서로 좋아서 살다가 시들해지기도 하고 나이 들어 굽어지면 그로 인해 정들고, 서로가 달랐으니 짝을 이뤄 산다는 백년해로의 실상을 보여준다.

거울 앞에서

못 말리는 주름살
솟구치는 하얀 밑동
회칠해 감추려도
이내 곧 터져나는
조상님 강줄기
어디로 향하는지
손에 손 이어 잡고
뒤따라 흘러간다. — (뒷부분)

거울 앞에서 부모를 닮아가는 모습을 보면서, /주름살/솟구치는 하얀 밑동/조상님 강줄기/어디로 향

하는지/손에 손 이어 잡고/뒤따라 흘러간다//

이 시에서 조상님을 강줄기라는 메타포로 표현한 부분이 가슴을 뭉클하게 하는 시적 향상화가 돋보인다.

〈가족은 사랑이다〉

외식

빡빡한 아빠 월급
쪼개 쓰느라
언제나 빠듯한 엄마 가계부
외식 한번 못하고 아들딸 컸네
딸 학교 친구끼리 음식 자랑 중
뷔페 가니 좋은 음식 많더라 하신
고모 말씀 떠올리며 이야기했대
뷔페동에 좋은 음식 많다 하더라
친구들이 깔깔대며 흩어져갔대
그 말 듣고 어머니 가슴 쓸면서
견학삼아 난생처음
　뷔페에 갔네　　　　　　　— (앞부분)

족발이 어떤 건지 궁금하기에/장충동 족발집에/맛보러 갔네/세상에 이런 맛도 있었던 건가/손발이

저려오고/정신 잃었네/미안해라, 엄마 마음/함께 저렸네//

이 작품은 처음 먹어보는 족발 맛에 아들딸이 정신 잃는 것을 보고 엄마 마음이 저렸다는 것이 독자에게 공감대를 제공한다. 족발의 서민적 이미지가 효과를 더해 준다.

우리 할멈 입방아

할멈 속은 숯덩이
잠 잘 새 없는 화덕
담장 넘는 새끼 걱정
속 터지는 영감 꼴

또 또 그 소리
시집살이 섭했던 일
시샘 많은 동서 타박
잘난 시누 흉보기
한 서린 숯 끄덩이 또 꺼내 지핀다 — (앞부분)

죽지 꺾인 할아범/천장 보며 헛웃음/입막음하렸다가/돌아오는 구박이/열두 곱절 넘는다/알 수 없

는 할미 속/알면 또 어쩌려나/그게 다 내 죄인 걸//

최 시인은 시 속에서 항상 해학과 위트를 더하여 언어를 재미있게 구사한다. 죽지 꺾인 시인이 입막음하려다가 오히려 구박을 열두 곱절 받는다고 하면서도, 자신의 탓으로 돌리는 해학이 돋보인다.

경계 구역

리모컨을 차지하고
채널을 휘젓는
  마님을 타박하면
돌아오는 구박이…

이식 삼식하면서
  반찬을 투정하면
돌아오는 핀잔이… — (앞부분)

한 울에서 한평생/양처럼 살면서/상처투성 할멈 속/이제는 더 건들면/호랑이 코털인 걸//

리모컨을 마님께 넘겨주고 구박을 받으면서도, 양 같던 마님의 옛 모습을 생각하고 이제는 더 건들면 호랑이 코털로 변했다는 해학을 곁들여, 넓은 아량을 보여준다. 내면적으로 시 전체가 애틋한 가족애를 담고 있다.

〈현대인의 고독〉

낮에 나온 반달

새털구름 벼랑 끝에
핼쑥한 얼굴 하나
때를 잘못 알았는지 부끄러운 듯
엉거주춤 숨으려도 숨을 곳 없네

무던히 아껴주던 풍류객들도
반짝이던 별들도
어딜 갔는지 — (앞부분)

시간 개념을 떠난 낮달의 모습에 대하여 역설하고 있다. 사람 역시 제자리를 벗어나면 가치가 떨어짐을 풍자한다. 인간 세상에 있어서도 자기가 있어야 할 위치를 떠나서는 가치가 없음을 비유적으로 바라본 세계다.

서울의 달

불야성을 이룬 고을
환한 등이 즐비하니
밝다는 말 옛말이다

사람 발이 닿은 후로
맑다는 말도 헛말이네
우주인이 다녀간 후
로맨스는 사라지고
연인마저 떨어졌네
서울 사람 너나 모두
스마트폰에 빠졌는지
쳐다보지도 않누나

밤마다 독수공방
정겹던 태백太白님은
언제 다시 오시려나 — (전문)

달밤에 하늘을 바라보고 놀던 시대는 가고, 우주인에게 밟힌 후 달에 대한 로맨스도 사라진 지금의 세태를 실감하게 한다. 문명의 발달에 따라 내면에 공허감과 외로움으로 가득한 현대인의 마음을 독백의 형태로 역설한다.

해바라기

말 없는 고별사
씨알을 남기고 이제는
아래를 살피며
고향 길을 찾는다
찬란했던 계절보다 달콤한
휴식을 향하여 — (뒷부분)

여름내 자랑스레 어깨를 흔들다가/ 알알이 까뭇까뭇/ 속살을 채우고는/ 고개를 떨군다//

해바라기는 원래 위로 향하는 이미지를 갖고 있지만, 이 시는 특이하게 아래를 향하는 이미지를 조명함으로써, 삶의 마지막에 모두가 휴식을 위해 떠남을 시각화했다.

낙엽연가

못 다한 미련을
몸부림치며
뒹구는 낙엽이 쑥덕거린다;
 이른 봄 꿈속에 움을 틔우고
 파릇한 희망을 펼쳤었는데

따사로운 햇살의 사랑 받으며
보슬비 축복 속에 무성했는데
언제나 그렇게 행복하리라
달빛 아래 밤마다 속삭였는데 — (앞부분)

태양이 기울고 찬바람 일자/나뭇가지 움츠려 이별 통첩장/ 지난봄 언약을 버릴 줄이야/ 한 계절 아쉬움을 부둥켜안고/ 어딘가 또 다음 세상을 향해/ 차가운 비탈을 흩날려 간다.//

이 시는 만물의 이치를 풍자한 시다. 영원할 수 없는 삶 속에서 결국은 인간도 자연도 떠나야하는 것에 대한 존재론적 의미를 보여준다.

지금까지 읽은 조국 시인의 제 2시집은 이 시대가 짊어지고 있는 고독을 무엇으로 치유할지를 생각하게 한다. 시의 언어로 고독을 치유하고, 언어의 소통을 통해 나눔을 공유하고, 희망의 미래를 향해 꿈을 키우며 살아야 할 것이다. 조국 시인의 역설과 아이러니 위트는 이 시대에 꼭 있어야 하는 울림이 될 것이다.

조국 시인의 뛰어난 언어의 울림은 이 시대 독자들에게 재미를 더해 주고 문학사에 큰 기둥이 되기를 믿으며, 무한한 발전과 축하의 박수를 보낸다.